Samantha

Einladung zum Selberlesen

Liebe Eltern,

Sie haben Ihrem Kind Bücher vorgelesen? Sehr gut.
Sie werden dies auch weiterhin tun? Um so besser.
Aber wenn Ihr Kind einmal hinter das Geheimnis der
Buchstaben gekommen ist, will es auch selber lesen.
Es möchte erleben, wie beim Lesen eine spannende,
lustige oder traurige Geschichte in ihm entsteht. Das
ist gar nicht so einfach. Es dauert lange, bis ein Kind
gut und gern liest.

Was es am Anfang braucht?

Ein ganzes Buch, das zum Lesen verlockt.
Ein Buch, das es beim Lesen nicht überfordert.
Ein Buch
* mit kurzen Geschichten
* mit einer genügend großen Schrift
* mit kurzen, überschaubaren Zeilen
* in einer verständlichen Sprache
* mit Bildern, die helfen den Sinn zu erfassen.

Bücher, die diesen Anforderungen gerecht werden,
fördern das Abenteuer Lesen und machen Lust
aufs nächste Buch.

Prof. Dr. Manfred Wespel,
lesedidaktischer Berater des
KÄNGURU-Programms

Marliese Arold

Kleine Ponygeschichten

Mit Bildern von Anne Ebert

arsEdition

Die Deutsche Bibliothek – CIP-Einheitsaufnahme

Kleine Ponygeschichten / Marliese Arold. Mit Bildern von
Anne Ebert. - 1. Aufl. - München : Ars-Ed., 1998
   (Känguru)
   ISBN 3-7607-3761-7

Lesedidaktische Beratung: Prof. Dr. Manfred Wespel
Nach den Regeln der neuen Rechtschreibung

Gedruckt auf umweltfreundlichem Papier ohne Chlorbleiche

Ausstattung und Herstellung: arsEdition, München
Titelbild und Innenillustrationen: Anne Ebert
Titelvignette: Carola Holland
Einbandgestaltung: Ralph Bittner
Druck und Bindung: Westermann Druck Zwickau GmbH
Printed in Germany
ISBN 3-7607-3761-7

Inhalt

Ein Fohlen kommt zur Welt

Schlawine, die Schimmelstute,
hat einen dicken Bauch.
Sie wird bald
ein Fohlen bekommen.

Lisa und Lukas
sind sehr neugierig.
Jeden Morgen laufen sie
zum Stall.
Sie schauen nach,
ob das Fohlen schon da ist.

Eines Abends
wird Schlawine unruhig.
Sie mag nicht mehr fressen.
„Heute Nacht kommt
das Fohlen zur Welt",
sagt der Bauer.

Lukas und Lisa
dürfen im Stall bleiben.
Sie müssen versprechen
Schlawine nicht zu stören.
Die Stute steht unruhig
in ihrer Box.
Ab und zu
zittert ihr dicker Leib.

Lisa und Lukas
kuscheln sich ins Stroh.

„Nicht einschlafen",
flüstert Lisa.
„Es ist bald so weit."

Nach Mitternacht
legt sich Schlawine hin.

Wenig später
ist das Fohlen da.
Es ist ein kleiner Hengst.

Er ist ganz schwarz.
Schlawine leckt
den Kleinen trocken.

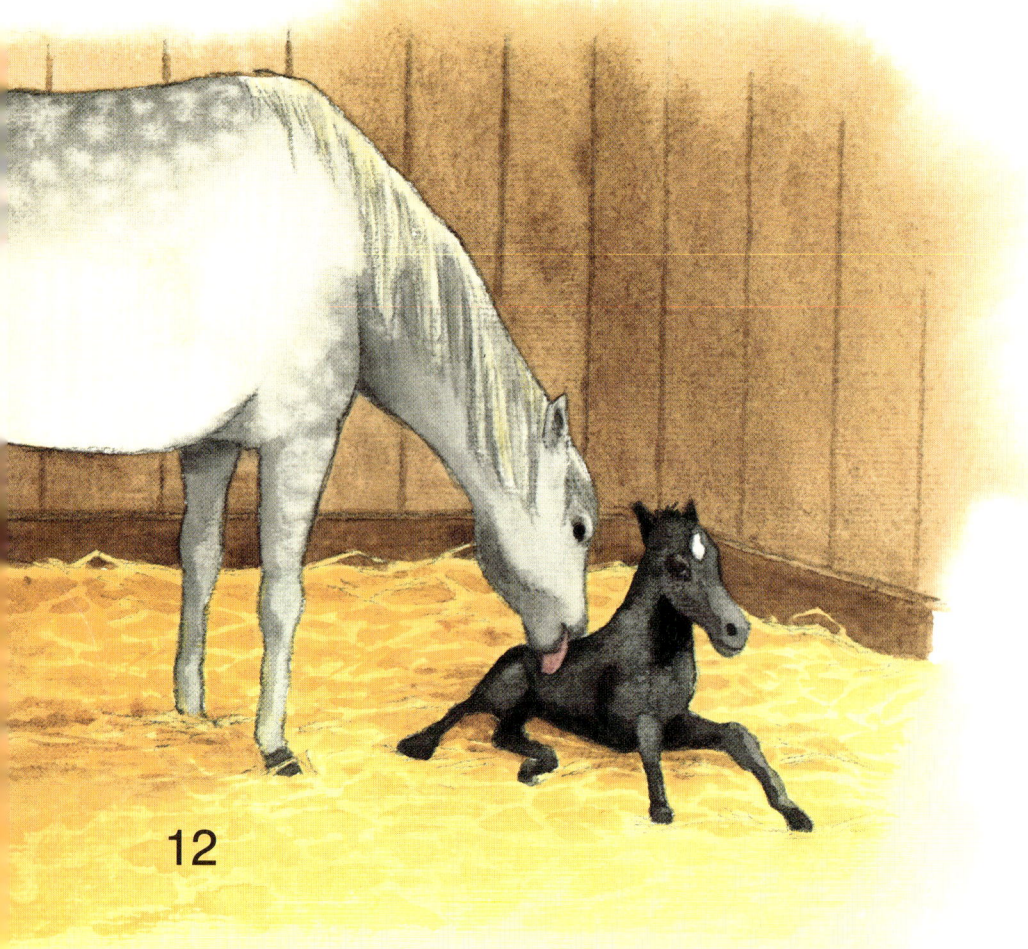

Lukas und Lisa sind
jetzt hellwach.
So ein niedliches Fohlen!

„Guck mal!", sagt Lisa erstaunt.
„Auf seiner Stirn
ist ein weißes Zeichen."

„Es sieht aus
wie ein kleiner Spatz",
meint Lukas.

Und so bekommt
das Fohlen
seinen Namen:
Kleiner Spatz!

Hilfe, Racker ist geschrumpft!

Stefan war lange krank.
Erst Windpocken
und dann noch dicke Mandeln.
Heute kann er endlich
wieder hinaus.

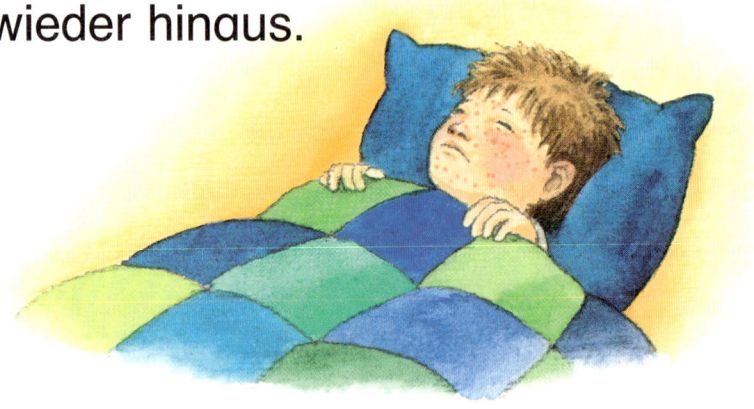

Sein Pony Racker
steht auf der Weide.
Es wiehert freundlich,
als es Stefan sieht.
„Hallo, Racker!", ruft Stefan.

14

Racker trabt zum Zaun
und schnaubt.
Stefan krault sein Pony.
Er ist schon lange
nicht mehr geritten.
Er freut sich,
dass er nun wieder reiten kann.

Er braucht keinen Sattel
und kein Zaumzeug.
Racker steht still.
Stefan klettert
auf seinen Rücken.

Stefan schnalzt
mit der Zunge.
Racker trabt los.
Stefan hält sich
an der Mähne fest.
Das macht Spaß.

Aber was ist das?
Stefan staunt.
Seine Füße reichen
fast bis auf den Boden.
Das Pony ist ja geschrumpft!

Stefan erschrickt.
Er springt ab
und läuft ins Haus.
„Hilfe, Mama,
Racker ist geschrumpft!"

Mama lacht.
„Aber nein", sagt sie.
„Du bist bloß
ein Stück gewachsen."

So ein Dickkopf!

Opa kommt bald
aus dem Urlaub zurück.
Jan will ihn überraschen.

In der Scheune
steht eine kleine Kutsche.
Jan hat sie
grün angemalt.

20

Jan zeigt die Kutsche
seinem Pony Niko.
„Schön, nicht?",
fragt Jan stolz.
„Jetzt holen wir Opa
vom Bahnhof ab."

Er will sein Pony
vor die Kutsche spannen.
Aber Niko hat noch nie
eine Kutsche gezogen.

So viele Zügel!
Wohin gehören bloß
all die Leinen?
Endlich hat Jan
sein Pony angespannt.
Ob das so stimmt?

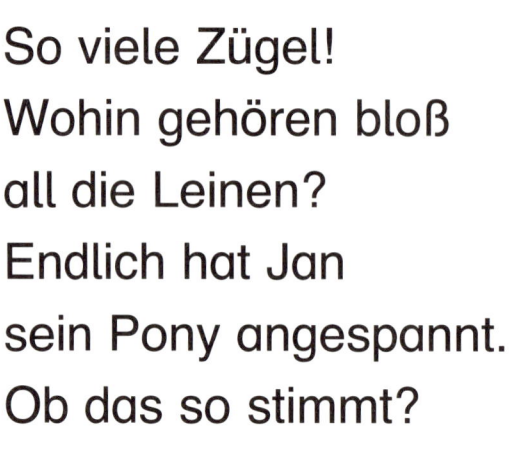

Jan klettert in die Kutsche
und nimmt die Zügel
in die Hand.
„Los, Niko!"
Er schnalzt.
Niko rührt sich nicht.

Jan wird ungeduldig.
Warum folgt Niko nicht?
„Auf gehts, Niko, zieh!"

Das Pony bleibt stehen.
Es stemmt seine Hufe
in den Boden.

Jan ärgert sich.
Er steigt aus
und nimmt Niko beim Halfter.
„Komm schon, Niko!"

Niko macht einen Schritt.
Die Kutsche rumpelt.
Das Pony erschrickt.
Es bäumt sich auf.

25

Jan will Niko beruhigen.
„Brav, Niko, brav!"
Endlich steht Niko still.
Jan schwitzt.
Das Pony zittert.

„Na, Probleme?",
fragt jemand.

Jan dreht sich um.
Da steht Opa
mit dem Koffer.
Er ist zu Fuß
vom Bahnhof heimgegangen.

„Ich wollte dich überraschen",
sagt Jan.
„Doch Niko macht nicht mit.
So ein Dickkopf!"

Opa legt den Arm um Jan.
„Das muss Niko erst noch lernen.
Mit Ponys musst du
viel Geduld haben."

Schornsteinfeger habens schwer

Es ist Fasching.
Anna verkleidet sich
als Schornsteinfegerin.
Ihr Gesicht ist schwarz geschminkt.
Sie gefällt sich gut
vor dem Spiegel.

Heute hat Anna Reitstunde.
Dabei wird auch Spaß gemacht.
Anna freut sich schon.

„Fast hätte ich dich
nicht erkannt",
meint Helga, die Reitlehrerin.
Helga ist heute eine Nixe.
Tim ist Indianer,
Steffi eine Hexe
und Florian ein Hase.

Nur die Ponys
sind Ponys geblieben.
Anna bekommt Windhose,
das braune Pony.
Aber nanu,
was ist denn
mit Windhose los?

Das Pony legt die Ohren an
und schaut ganz böse.
„Ich bins doch",
sagt Anna leise.

Sie will aufsteigen.
Windhose hält nicht ruhig.
Das Pony schnappt sogar
nach Anna.
Vor lauter Schreck
fällt Anna in den Sand.

Helga hilft ihr
auf die Beine.
„Windhose erkennt dich nicht.
Heute bist du ja
eine Schornsteinfegerin."

Anna rennt aus der Halle.
Im Stall wäscht sie sich
das Gesicht.
Sie nimmt auch
den Zylinder ab.
Jetzt ist sie wieder Anna.

Windhose ist ganz freundlich.
Nun hält das Pony ruhig.
Es lässt Anna aufsitzen.

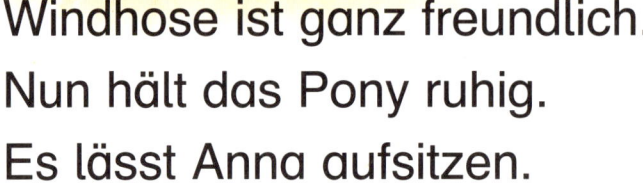

Aus dem Lautsprecher
erklingt Musik.
Windhose trabt an.
Mit einem Stab muss Anna
die bunten Ringe erwischen!

Florian, Tim und Steffi
sind schnell.
Aber Anna ist schneller.
Sie lässt
keinen Ring fallen.

Zum Schluss wird gezählt.
Die meisten Ringe
hat Anna.
Jeder bekommt eine Schleife,
auch die Ponys.

Stolz winkt Anna
den Zuschauern zu.
Windhose ist eben
das schnellste Pony.
Nur Schornsteinfeger
mag es nicht!

Eine Freundin für Flocke

Dina hat ein Pony bekommen.
Es heißt Flocke.
Flocke ist sehr hübsch.

Dina pflegt sie gut.
Sie füttert Flocke,
striegelt sie
und mistet den Stall aus.
Das Pony darf auch oft
auf die Weide.

Manchmal steht Flocke
traurig da
und lässt den Kopf hängen.

Dina macht sich Sorgen.
„Ob Flocke krank ist?"
„Vielleicht ist sie einsam",
antwortet Papa.
„Ponys sind nicht gern allein."

Dina überlegt.
„Dann kaufen wir eben
noch ein Pony."

38

„Das geht nicht",
sagt Papa.

„Du weißt ja,
wie viel Flocke kostet.
Das Futter jeden Monat
und manchmal muss
der Tierarzt kommen."

Dina nickt.
Zwei Ponys sind zu teuer.
Aber was kann Dina tun?
Flocke soll doch nicht
traurig sein!

Da hat Papa eine Idee.
Er verrät nichts.
Abends telefoniert er.

Als Dina am nächsten Tag
aus der Schule kommt,
rennt sie gleich zur Weide.
Flocke ist nicht mehr allein.
Wer steht da neben ihr?

„Das ist Inge",
sagt Papa.
„Das ist ja eine Ziege!",
ruft Dina erstaunt.

Können Ponys und Ziegen
Freunde werden?
Flocke und Inge stehen
dicht beieinander.
Heute sieht Flocke
fröhlich aus.

Inge meckert laut.
Dina gibt beiden
eine Hand voll Gras.

„Na?", fragt Papa.
„Was meinst du?"
Dina hat
ein ganz warmes Gefühl
im Bauch.
„Ich glaube,
die mögen sich."

KÄNGURU Lesestufen-Modell

So macht Lesenlernen richtig Spaß – mit Büchern, die auf die unterschiedlichen Lernphasen zugeschnitten sind: 5 Lernschritte, 5 Buch-Reihen. »Kinder werden dann zu begeisterten Lesern, wenn Buch und Lese-entwicklung zusammenpassen.«

Prof. Dr. Manfred Wespel, lesedidaktischer Berater des KÄNGURU-Programms

»Mit Comics lesen lernen«

2. Lesestufe
ab 6 Jahre

- jeweils eine kurze Geschichte für Leseanfänger
- mit frechen und witzigen Comic-Elementen
- leicht lesbare Fibelschrift

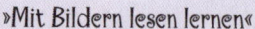

»Mit Bildern lesen lernen«

1. Lesestufe
ab 5 Jahre

- kurze lustige Geschichten mit einfachem Text
- Bilder ersetzen Namenwörter
- sehr große Fibelschrift
- fünf doppelseitige Suchbilder

Kunterbunte Piratengeschichten

Kunterbunte Teddygeschichten

»Kinderroman« und »Krimi-Abenteuer«

5. Lesestufe
ab 10 Jahre

- jeweils ein längerer packender Roman für begeisterte »Leseprofis«
- eingestreute Schwarzweiß-Illustrationen

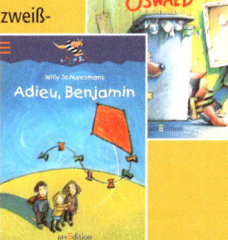

»Leseabenteuer in Farbe«

4. Lesestufe
ab 8 Jahre

- jeweils eine längere spannende Geschichte
- viele farbige Illustrationen
- große Schrift

»Erste Geschichten zum Selberlesen«

3. Lesestufe
ab 7 Jahre

- mehrere kurze Geschichten zu einem Thema
- klare Textgliederung als Lesehilfe
- große Fibelschrift
- viele farbige Illustrationen

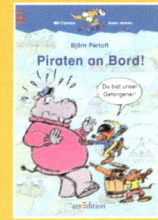